Schriften der
Juristischen Studiengesellschaft
Regensburg e.V.

Herausgegeben von
Prof. Dr. Christoph Althammer, Universität Regensburg

Band 47

Robert Uerpmann-Wittzack

Der Angriff auf die Ukraine: Eine Zeitenwende?

Nomos

C.H.BECK

Onlineversion
Nomos eLibrary

Die Deutsche Nationalbibliothek verzeichnet diese Publikation in der Deutschen Nationalbibliografie; detaillierte bibliografische Daten sind im Internet über http://dnb.d-nb.de abrufbar.

ISBN 978-3-7560-0504-8 (Print)
ISBN 978-3-7489-3827-9 (ePDF)

Die Bände 1–31 sind beim Verlag C. H. Beck, München, erschienen.

1. Auflage 2022

Inhaltsverzeichnis

I. Einleitung: Bezugspunkte für eine Zeitenwende

Am Donnerstag, 24. Februar 2022, begannen die Streitkräfte der Russischen Föderation mit ihren Angriffen auf die Ukraine. Drei Tage später gab der deutsche Bundeskanzler, Olaf Scholz, im Deutschen Bundestag am Sonntag eine Regierungserklärung zur aktuellen Lage ab. Seine Erklärung begann mit den Worten: „Der 24. Februar 2022 markiert eine Zeitenwende in der Geschichte unseres Kontinents.“[1] Kurz darauf erläuterte er, was unter einer Zeitenwende zu verstehen sei:

> „Die Welt danach ist nicht mehr dieselbe wie die Welt davor. Im Kern geht es um die Frage, ob Macht das Recht brechen darf, ob wir es Putin gestatten, die Uhren zurückzudrehen in die Zeit der Großmächte des 19. Jahrhunderts ...“[2]

Gewöhnlich bezeichnet Zeitenwende den Zeitpunkt, in dem eine Epoche oder Ära endet und eine neue beginnt.[3] Die Frage lautet also, ob mit dem russischen Angriff auf die Ukraine eine Epoche zu Ende gegangen ist. Auf diese Frage werde ich aus der Perspektive meines Fachgebiets eine Antwort versuchen. Ich werde mich der Frage also im Folgenden als westeuropäischer Völkerrechtler nähern.

Geht es um das Ende einer Epoche, gilt es zunächst zu klären, welche Epoche am 24. Februar 2022 zu Ende gegangen sein könnte. Olaf Scholz hatte am 27. Februar eine Rückkehr in die Zeit der Großmächte des 19. Jahrhunderts vor Augen. Völkerrechtlich gewendet würde das eine Rückkehr in die klassische Periode des Völkerrechts[4] bedeuten. Als Zeitalter der souveränen Nationalstaaten begann das klassische Völkerrecht 1648 mit dem Westfälischen Frieden. Gekennzeichnet war es durch die Freiheit zum Krieg, weil ein Staat nicht über die Kriegsgründe eines anderen,

---

1 Deutscher Bundestag, Plenarprotokoll 20/19, S. 1350 A.

2 Deutscher Bundestag, Plenarprotokoll 20/19, S. 1350 B.

3 S. etwa Die Zeit, Das Lexikon in 20 Bänden, Band 19, Deutsches Wörterbuch (Rast-Z), 2005, Stichwort „Zeitenwende“.

4 Häufig unterteilt in ein französisches Zeitalter vom Westfälischen Frieden 1648 bis zum Wiener Kongress 1815 und ein britisches Zeitalter bis zum Ersten Weltkrieg; s. nur *Oliver Diggelmann*, The Periodization of the History of International Law, in: Bardo Fassbender/Anne Peters (Hrsg.), The Oxford Handbook of the History of International Law, 2012, S. 997 (1002).

ebenso souveränen Staates richten durfte. Dass Europa in den gut 2 ½ Jahrhunderten bis zum Ersten Weltkrieg nur von kleineren und mittleren kriegerischen Auseinandersetzungen erschüttert wurde, lag nicht an rechtlichen Verboten, sondern am sog. Europäischen Konzert, in dem sich die europäischen Großmächte England, Frankreich, Österreich-Ungarn sowie Russland und seit dem 18. Jahrhundert zunehmend Preußen in einem ungefähren Kräftegleichgewicht befanden.[5] Mit der Gründung des Deutschen Reichs geriet das Kräftegleichgewicht zunehmend aus dem Lot. Eine Initiative des russischen Zaren führte zwar 1899 zu einer ersten Friedenskonferenz in Den Haag, der 1907 eine zweite folgte.[6] Den Ersten Weltkrieg vermochte dies jedoch nicht zu verhindern. Mit dem Ersten Weltkrieg endete nicht nur das lange 19. Jahrhundert, sondern auch die klassische Periode des Völkerrechts. Der erste Weltkrieg markiert damit eine Zeitenwende. Ist heute erneut von einer Zeitenwende die Rede, kann sich das also auf die Epoche beziehen, die vor einem guten Jahrhundert mit dem Ersten Weltkrieg und der zeitgleichen russischen Oktoberrevolution begann.

Allerdings gelang es am Ende des Ersten Weltkriegs nicht, die überholte Ordnung des 19. Jahrhunderts durch eine neue, dauerhafte internationale Ordnung zu ersetzen. Der Völkerbund, der 1919 mit dem Friedensvertrag von Versailles errichtet wurde, scheiterte schnell und konnte die Katastrophe des Zweiten Weltkriegs nicht verhindern. So blieb die Zwischenkriegszeit eine Periode des Übergangs. Erst auf den Trümmern des Zweiten Weltkriegs entstand eine neue Ordnung, die unser Leben bis heute prägt. Das gilt für die universelle Ebene ebenso wie für Europa und auch für Deutschland.

Den Anfang machte 1945 die Charta der Vereinten Nationen. Mit ihren pathetischen Eingangsworten verdeutlicht die Präambel, wie sehr es ihren Schöpfern damals darum ging, eine neue internationale Ordnung zu schaffen:

> „Wir, die Völker der Vereinten Nationen –
> fest entschlossen,

---

5 *Wilhelm G. Grewe*, The Epochs of International Law, 2000, S. 428 ff.

6 *Betsy Baker*, Hague Peace Conferences (1899 and 1907), in: Rüdiger Wolfrum/Anne Peters (Hrsg.), Max Planck Encyclopedia of Public International Law (MPEPIL; Stand der Bearbeitung: November 2009), Rn. 1 ff., https://doi.org/10.1093/law:epil/9780199231690/e305 (alle Weblinks zuletzt aufgerufen am 22.9.2022); dazu jüngst auch *Laila Schestag*, Weimar International, JöR 70 (2022), 373 (382 ff.).

> künftige Geschlechter vor der Geißel des Krieges zu bewahren, die zweimal zu unseren Lebzeiten unsagbares Leid über die Menschheit gebracht hat …"[7]

Man stand buchstäblich vor den Trümmern von zwei Weltkriegen und sah die unbedingte Notwendigkeit, einen dritten Weltkrieg, der das Ende der Menschheit bedeuten könnte, zu verhindern. Nachdem der Zweite Weltkrieg von einem Menschen verachtenden System ausgelöst worden war, lag es nahe, den Schutz von Menschenrechten als Mittel zur Friedenssicherung zu begreifen. So fordert die UN-Charta den Schutz der Menschenrechte[8] und 1948 verabschiedete die Generalversammlung der Vereinten Nationen die Allgemeine Erklärung der Menschenrechte als ersten großen Referenztext des internationalen Menschenrechtsschutzes. Die Präambel macht das Ziel der Friedenssicherung ebenso deutlich wie die Reaktion auf die Barbarei des Nationalsozialismus:

> „Da die Anerkennung der angeborenen Würde und der gleichen und unveräußerlichen Rechte aller Mitglieder der Gemeinschaft der Menschen die Grundlage von Freiheit, Gerechtigkeit und Frieden in der Welt bildet,
> da die Nichtanerkennung und Verachtung der Menschenrechte zu Akten der Barbarei geführt haben, die das Gewissen der Menschheit mit Empörung erfüllen …,
> da es notwendig ist, die Menschenrechte durch die Herrschaft des Rechtes zu schützen, damit der Mensch nicht gezwungen wird, als letztes Mittel zum Aufstand gegen Tyrannei und Unterdrückung zu greifen …"[9]

Mit der Allgemeinen Erklärung wurden Menschenrechte und Herrschaft des Rechts als universelle Werte verankert. Zeitgleich machte man sich auf europäischer Ebene ebenfalls an den Aufbau einer neuen Ordnung. 1946 hielt Winston Churchill in Zürich ein Rede, in der er die Schaffung der „Vereinigten Staaten von Europa" forderte.[10] Darauf folgte am 5. Mai 1949, noch vor der Gründung der ersten Europäischen Gemeinschaft, die Gründung des Europarats als paneuropäische Organisation mit Sitz

---

7 Deutsche Übersetzung nach BGBl. 1973 II, S. 431.

8 S. namentlich Art. 1 Nr. 3, Art. 13 Abs. 1 Buchst. b, Art. 55 Buchst. c UN-Charta.

9 Übersetzung durch den Deutschen Übersetzungsdienst der Vereinten Nationen abrufbar unter: https://www.un.org/depts/german/menschenrechte/aemr.pdf.

10 In deutscher Übersetzung abgedruckt in: Uwe Holtz (Hrsg.), 50 Jahre Europarat, 2000, S. 307 (310).

in Straßburg. Im Rahmen des Europarates wurde 1950 die Europäische Menschenrechtskonvention (EMRK) verabschiedet. Sie knüpft in ihrer Präambel an die zwei Jahre zuvor auf universeller Ebene verabschiedete Allgemeine Erklärung der Menschenrechte mit dem Ziel an, „die ersten Schritte auf dem Wege zu einer kollektiven Garantie bestimmter in der Allgemeinen Erklärung aufgeführter Rechte zu unternehmen“[11]. Im Laufe der Jahre ist die EMRK nicht nur zum wichtigsten Instrument im Rahmen des Europarates, sondern auch zu dem zentralen menschenrechtlichen Referenztext in Europa geworden. In dieser Tradition ist der Europarat heute die Spezialorganisation für die gemeineuropäischen Kernwerte der Menschenrechte, der Demokratie und der Rechtsstaatlichkeit.[12]

Zwischen 1945 und 1950 sind also innerhalb weniger Jahre zentrale Referenzdokumente entstanden, die bis heute die europäische und die universelle Ordnung prägen:

- 1945 die Charta der Vereinten Nationen,
- 1948 die Allgemeine Erklärung der Menschenrechte,
- 1949 die Satzung des Europarats und
- 1950 die Europäische Menschenrechtskonvention.

In diesen Zusammenhang ordnet sich auch das deutsche Grundgesetz ein, das am 23. Mai 1949 wenige Tage nach der Gründung des Europarats verabschiedet wurde. Seine Präambel beschwört das Ziel, „in einem vereinten Europa dem Frieden der Welt zu dienen“ und gliedert sich damit in die universelle und europäische Nachkriegsordnung ein. Zeitlich liegt das Grundgesetz zwischen der im Vorjahr angenommenen Allgemeinen Erklärung der Menschenrechte und der im Folgejahr verabschiedeten Europäischen Menschenrechtskonvention. Dem entspricht eine innere Verwandtschaft der Grundrechte des Grundgesetzes mit den nahezu zeitgleich entstandenen europäischen und universellen Verbürgungen.[13] Diese gemeinsame Grundrechtstradition prägt die Görgülü-Rechtsprechung des Bundesverfassungsgerichts[14] und wurde vom Ersten Senat in „Recht auf Vergessen I“[15] erneut bekräftigt.

11 Übersetzung abgedruckt in: BGBl. 2010 II, S. 1199.

12 *Robert Uerpmann-Wittzack*, Europarat, in: Armin Hatje/Peter-Christian Müller-Graff (Hrsg.), Europäisches Organisations- und Verfassungsrecht (Enzyklopädie Europarecht Bd. 1), 2. Aufl. 2022, § 36 Rn. 6-8.

13 *Robert Uerpmann*, Die Europäische Menschenrechtskonvention und die deutsche Rechtsprechung, S. 118 ff.

14 BVerfGE 111, 307 (317 f.) in Anknüpfung an BVerfGE 74, 358 (370).

15 BVerfGE 152, 152, Rn. 61 ff.; erneut bestätigt in BVerfGE 158, 1, Rn. 60 ff. – Ökotox.

Allerdings darf nicht vergessen werden, dass die europäische Ordnung, die seit 1949 im Rahmen des Europarats geschaffen wurde, zunächst eine westeuropäische Ordnung blieb. Kurz nach dem Ende des Zweiten Weltkrieges begann der Kalte Krieg, der den paneuropäisch angelegten Europarat zur westeuropäischen Organisation werden ließ. Das änderte sich erst mit dem Jahr 1989, als das Ende des Kalten Krieges die Integration der mittel- und osteuropäischen Staaten in ein gemeinsames Europa ermöglichte. Dem Europarat kam eine zentrale Rolle bei dieser gesamteuropäischen Integration zu.[16] In den 1990er Jahren traten die die Staaten Mittel-, Ost- und Südosteuropas dem Europarat und der Europäischen Menschenrechtskonvention bei. Den Anfang machten Ungarn am 6. November 1990 und Polen ein Jahr später am 26. November 1991.[17] Die Entwicklung gipfelte im Beitritt der Russischen Föderation zum Europarat, die am 28. Februar 1996 wirksam wurde.[18] Seit dem Beitritt Montenegros im Jahr 2007[19] umfasste der Europarat 47 Mitgliedstaaten und hatte sich bis an die äußersten geografischen Grenzen Europas ausgedehnt. Während die Türkei 1950 bereits kurz vor der Bundesrepublik Deutschland beigetreten war, wurden 2011 sogar die Kaukasus-Staaten Armenien und Aserbaidschan aufgenommen. Nur Belarus blieb der Beitritt bis heute verwehrt, weil das politische System mit den Zielen des Europarats unvereinbar erschien. Dieser Weg hin zu einem Zusammenwachsen des europäischen Kontinents als Ganzem wurde im März 2022 mit dem Ausscheiden Russlands aus dem Europarat beendet. Eine Epoche, die 1989 begann, könnte damit zu Ende sein.

Auch auf universeller Ebene markiert das Ende des Kalten Krieges eine Zeitenwende. Zwar blieb die Charta der Vereinten Nationen unverändert und die Staaten des Ostblocks hatten schon vor 1989 wie diejenigen des Westens zu den Vereinten Nationen gehört. Im Jahr 1990 wurde jedoch der Sicherheitsrat, der im Kalten Krieg durch die Veto-Rechte seiner fünf ständigen Mitglieder gelähmt worden war, plötzlich funktionsfähig. So konnte er nach der Besetzung Kuwaits durch den Irak am 29. November 1990 seine Resolution 678 verabschieden, die die rechtliche Grundlage

---

16 *Uerpmann-Wittzack* (Fn. 12), Rn. 6.

17 Siehe die Angaben zum Ratifikationsstand in der Vertragssammlung des Europarats unter https://www.coe.int/en/web/conventions/full-list?module=signatures-by-treaty&treatynum=001.

18 S. die Bekanntmachung BGBl. 1996 II, S. 479.

19 Oben Fn. 17.

für die Operation Wüstensturm bildete, mit der die USA und verbündete Staaten Kuwait befreiten.

Das Ende des Kalten Krieges in den Jahren 1989/1990 ist daher im Folgenden ebenso als Bezugspunkt für eine Zeitenwende im Auge zu behalten wie die Begründung der Nachkriegsordnung in den Jahren 1945 bis 1950. Zudem soll einer Zeitenwende im universellen System der Friedenssicherung ebenso nachgespürt werden wie einer Zeitenwende auf der Ebene des Europarats.

Schaut man bei der Suche nach Bezugspunkten für eine Zeitenwende auf die Entwicklung der völkerrechtlichen Ordnung, fällt neben 1918, 1945 sowie 1989 eine weitere Zäsur in den Blick. Am 11. September 2001 steuerten islamistische Terroristen zwei Passagierflugzeuge in die Zwillingstürme des World Trade Centers in New York. Damit wurde der sog. Krieg gegen den Terror zu einem dominierenden Paradigma der internationalen Ordnung. Das Friedenssicherungssystem der Vereinten Nationen, das zur Verhütung und Beendigung zwischenstaatlicher Konflikte geschaffen worden war, wurde nun für den Kampf gegen nichtstaatliche Akteure operationalisiert. Dabei wurde das Konzept der völkerrechtlichen Selbstverteidigung vom Kampf gegen staatliche Angreifer auf private Angreifer ausgedehnt[20] und die Grenzen zwischen zwischenstaatlicher Friedenssicherung und Verbrechensbekämpfung begannen zu verwischen.[21] Seit 2001 hat der Kampf gegen den Terror zu westlichen Militärinterventionen in Staaten wie Afghanistan, Libyen und Syrien geführt. Möglicherweise geht die Epoche des Kampfes gegen den Terror nun nach 20 Jahren zu Ende. Der Fall Kabuls an die Taliban im August 2021 könnte eine solche Zeitenwende markieren. Ob der Kampf gegen den islamistischen Terror tatsächlich zum Ende gekommen ist, lässt sich schwer absehen. Ebenso unklar scheint mir, ob es eine Verbindungslinie von der krachenden Niederlage, die der Westen mit dem Fall Kabuls erlitten hat, zum russischen Angriff auf die Ukraine im Februar 2022 gibt. Jedenfalls markiert der russische Angriff die Rückkehr zum klassischen zwischenstaatlichen Konflikt. Der Kampf gegen den Terror soll daher im Folgenden außer Betracht bleiben.

Neben der Friedenssicherung im Rahmen der Vereinten Nationen und dem Menschenrechtsschutz im Rahmen des Europarates soll im Folgen-

---

20 S. *Jasper Finke*, Selbstverteidigung gegen nichtstaatliche Akteure, Archiv des Völkerrechts 55 (2017), 1 ff.

21 S. auch *Tilmann Altwicker*, Transnationalization of Security, in: Robin Geiß/Nils Melzer (Hrsg.), The Oxford Handbook of the International Law of Global Security, 2021, S. 69 (72 f.).

den stattdessen das Migrationsrecht als drittes Referenzgebiet auf eine mögliche Zeitenwende befragt werden. Das moderne Flüchtlingsrecht hat seine Ursprünge in den großen europäischen Flüchtlingsbewegungen der ersten Hälfte des 20. Jahrhunderts, die mit der russischen Revolution begannen. Zu den Zäsuren gehören aus deutscher Sicht die Grundgesetzänderung, mit der 1993 das verfassungsrechtliche Asylrecht im Angesicht tamilischer Flüchtlinge relativiert wurde,[22] sowie die sog. Flüchtlingskrise des Jahres 2015. Dem steht nun im Frühjahr 2022 die vorbehaltlose Aufnahme von Kriegsflüchtlingen aus der Ukraine gegenüber. Gibt es auch hier eine Zeitenwende?

Im Folgenden soll der Frage nach einer Zeitenwende also in drei Bereichen nachgespürt werde: Was bedeutet der russische Angriff auf die Ukraine für die Friedensordnung der Vereinten Nationen, für den Europarat mit seinen Kernwerten: Menschenrechte, Demokratie und Rechtsstaatlichkeit, sowie für das Flüchtlingsrecht.

---

22 BGBl. 1993 I, S. 1002.

II. Die Friedensordnung der Vereinten Nationen

Materielles Kernstück der Friedensordnung der Vereinten Nationen ist das Gewaltverbot, das in Art. 2 Nr. 4 UN-Charta niedergelegt ist. Es verbietet jede Anwendung militärischer Gewalt zwischen Staaten und wird nur durch wenige Ausnahmen eingeschränkt. In formeller Hinsicht wird das Gewaltverbot durch ein System kollektiver Sicherheit nach Kapitel VII UN-Charta flankiert. Innerhalb dieses Systems besitzt der UN-Sicherheitsrat weitreichende Befugnisse. Schon bei einer bloßen Friedensbedrohung kann er Maßnahmen zum Schutz des Weltfriedens und der internationalen Sicherheit bis hin zum Einsatz von Waffengewalt beschließen. Da der Respekt vor dem Gewaltverbot durch ein funktionsfähiges System kollektiver Sicherheit zumindest gefördert wird, soll zunächst die Funktionsfähigkeit des Sicherheitsrats analysiert werden, bevor in einem zweiten Schritt das Gewaltverbot mit seinen Ausnahmen betrachtet wird.

1. Der Sicherheitsrat als Akteur der Friedenssicherung

Art. 24 Abs. 1 UN-Charta weist dem Sicherheitsrat „die Hauptverantwortung für die Wahrung des Weltfriedens und der internationalen Sicherheit“[23] zu. Besetzt ist der Rat gemäß Art. 23 Abs. 1 UN-Charta mit fünfzehn Mitgliedern, darunter nach dem Wortlaut des Art. 23 Abs. 1 UN-Charta die Republik China, Frankreich, die UdSSR, das Vereinigte Königreich und die USA als ständige Mitglieder. Während China bis 1971 von der Regierung in Taipeh vertreten wurde, wird seitdem die Regierung der Volksrepublik als Vertreterin Chinas anerkannt.[24] Was die UdSSR angeht, besteht Einigkeit, dass Russland deren Mitgliedschaft in den Vereinten Nationen und im Sicherheitsrat fortführt.[25]

Der Sicherheitsrat entscheidet gemäß Art. 27 UN-Charta mit der qualifizierten Mehrheit der Stimmen von 9 Mitgliedern, wobei es für Sachentscheidungen nach dem relativ klaren Wortlaut von Art. 27 Abs. 3 UN-

---

23 Zur deutschen Übersetzung oben Fn. 7.

24 *Björn Ahl*, Taiwan, in: MPEPIL (Fn. 6; Stand der Bearbeitung: Februar 2020), Rn. 7, https://doi.org/10.1093/law:epil/9780199231690/e1362.

25 *James Crawford*, The Creation of States in International Law, 2. Aufl. 2007, S. 395.

Charta der Zustimmung aller ständigen Mitglieder bedarf. Mit dem Ausbruch des Kalten Krieges führte das zu einer Lähmung des Sicherheitsrats, weil die notwendige Einigkeit zwischen den westlichen ständigen Sicherheitsratsmitgliedern einerseits und der UdSSR andererseits in brisanten Fällen nicht zu erreichen war. Zwar setzte sich ein Verständnis durch, demzufolge Art. 27 Abs. 3 UN-Charta den fünf ständigen Mitgliedern lediglich ein Veto-Recht gibt.[26] Gegenüber dem Erfordernis der positiven Zustimmung erleichtert es das Veto-Recht den ständigen Mitgliedern, eine Resolution passieren zu lassen, ohne sich mit ihrem Inhalt identifizieren zu müssen. Auf diese Weise fördert es die Funktionsfähigkeit des Sicherheitsrats. Es ändert aber nichts daran, dass ein ständiges Sicherheitsratsmitglied jede Resolution verhindern kann, mit der es sich nicht abfinden will. Damit war der Sicherheitsrat während des Kalten Krieges weitgehend gelähmt. Er konnte zwar mit sog. Peacekeeping-Missionen dort handeln, wo ein Konsens unter allen Beteiligten bestand, und beispielsweise Friedensmissionen zur Überwachung eines Waffenstillstandes entsenden.[27] Militäroperationen gegen ein Mitglied der Vereinten Nationen scheiterten aber am Ost-West-Konflikt, der den Sicherheitsrat beherrschte.

Die Lage änderte sich, als sich die westlichen Staaten und die UdSSR mit dem Ende des Kalten Krieges annäherten und entdeckten, welches machtvolle Instrument Kapitel VII UN-Charta darstellte, wenn sich die fünf ständigen Sicherheitsratsmitglieder einig waren. Diese Einigkeit demonstrierte der Sicherheitsrat erstmals im Jahre 1990, als er auf die Besetzung Kuwaits durch den Irak reagierte, den Irak verurteilte und schließlich mit Resolution 678 (1990) die Operation Wüstensturm autorisierte. Die UdSSR stimmte mit den drei westlichen ständigen Mitgliedern für die Resolution, China enthielt sich, nur Kuba und der Jemen stimmten dagegen.[28] Die USA hätten für diese Operation gar kein Sicherheitsratsmandat benötigt, weil es sich um einen klaren Fall der kollektiven Selbstverteidigung gemäß Art. 51 UN-Charta handelte. Die USA zogen es jedoch vor, mit dem Segen der Weltorganisation zu handeln, und da sie die Zustim-

---

26 *Andreas Zimmermann*, in: Bruno Simma/Daniel-Erasmus Kahn/Georg Nolte/Andreas Paulus (Hrsg.), The Charter of the United Nations: A Commentary, 3. Aufl. 2012, Art. 27 Rn. 176-190.

27 S. dazu *Patryk I Labuda*, Peacekeeping and Peace Enforcement, in: MPEPIL (Fn. 6; Stand der Bearbeitung: September 2015), Rn. 1 ff., https://doi.org/10.1093/law:epil/9780199231690/e364.

28 UN Security Council, Resolutions and Decisions of the Security Council 1990, UN Document S/INF/46, S. 27 f.

mung des Sicherheitsrats erreichen konnte, holten sie sie ein. Damit stellt das Jahr 1990 eine Zeitenwende in der Geschichte des Sicherheitsrats dar.

In der Folge kam es in den 1990er Jahren zu zahlreichen vom Sicherheitsrat mandatierten Operationen mit einem sog. robusten Mandat unter anderem im ehemaligen Jugoslawien, in Somalia, Ruanda und Haiti. Mit der Jahrtausendwende gingen der Westen und Russland jedoch wieder zunehmend auf Distanz und China gewann als eigenständiger, dem Westen gegenüber kritisch eingestellter Beobachter an Bedeutung. 2011 gab der Sicherheitsrat westlichen Staaten letztmals das Mandat für eine größer angelegte militärische Operation gegen einen anderen Staat. Durch eine Resolution, die auf strikte Gleichbehandlung der Konfliktparteien angelegt war, sollte dem libyschen Bürgerkrieg ein Ende bereitet werden.[29] Wahrscheinlich ließ sich das angestrebte Ziel unter dieser Voraussetzung gar nicht erreichen. Jedenfalls nahmen die beteiligten westlichen Staaten in Ausübung des Mandats Partei zugunsten der libyschen Opposition und ermöglichten ihr den Sturz des libyschen Machthabers Gaddafi. Die Operation hinterließ ein Machtvakuum in Libyen, das bis heute fortbesteht. Die andauernde Verbitterung Russlands über die wenig wortlautgetreue Umsetzung der Resolution wirkt bis in die Rede des russischen Präsidenten vom 24. Februar 2022 hinein, mit der er den Angriff auf die Ukraine zu rechtfertigen versucht hat. Er spricht dort nicht ganz zu Unrecht von einer illegitimen Anwendung militärischer Gewalt und einer Verdrehung der Libyen-Resolutionen des UN-Sicherheitsrats, die zur vollständigen Zerstörung dieses Staates und zum Entstehen einer wichtigen Brutstätte des internationalen Terrorismus geführt hätten und die das Land in eine humanitäre Katastrophe und den Abgrund eines bis heute andauernden Bürgerkriegs gestürzt hätten.[30]

Seit 2011 hat es keine vergleichbaren robusten Mandate des Sicherheitsrats mehr gegeben. Im Syrien-Konflikt hatte er sich lediglich zu Formelkompromissen durchringen können, die offen lassen, ob es sich – nach westlicher Lesart – beim westlichen Eingreifen um zulässige Selbstverteidigung gegen Angriffe handelte, die vom sog. Islamischen Staat ausgingen, oder ob das westliche Eingreifen – nach russischer Lesart – mangels völkerrechtlichen Rechtfertigungsgrundes rechtswidrig war.[31]

---

29 UN-Sicherheitsrat, Resolution 1973 (2011) vom 17. März 2011.

30 Letter dated 24 February 2022 from the Permanent Representative of the Russian Federation to the United Nations addressed to the Secretary-General, UN-Dokument S/2022/154, S. 3.

31 UN-Dokument S/RES/2249(2015); dazu *Finke* (Fn. 20), S. 7-9.

Der Ukraine-Krieg verfestigt den Bruch zwischen Russland und dem Westen im Sicherheitsrat. Am 25. Februar 2022 fand ein Resolutionsentwurf, der den russischen Angriff verurteilte und Russland zum sofortigen Rückzug aufforderte,[32] eine Mehrheit von 11 Stimmen, scheiterte aber am Veto Russlands, während sich China, Indien und die Vereinigten Arabischen Emirate enthielten.[33] Zwei Tage später konnte der Sicherheitsrat lediglich seine Handlungsunfähigkeit feststellen und gemäß Art. 20 Satz 2 UN-Charta eine außerordentliche Sitzung der UN-Generalversammlung beantragen.[34] Diese Resolution konnte Russland mit seiner Gegenstimme[35] nicht verhindern, weil sie lediglich Verfahrensfragen i.S.v. Art. 27 Abs. 2 UN-Charta betraf. Damit befindet sich der Sicherheitsrat wieder ungefähr in derselben Lage wie im Kalten Krieg. Der Optimismus der frühen 1990er Jahre, dass die fünf ständigen Sicherheitsratsmitglieder gemeinsam ihrer Verantwortung für den Weltfrieden und die internationale Sicherheit nachkommen könnten, sind verflogen.

Einen gewissen Hoffnungsschimmer könnte eine gemeinsame Erklärung des Sicherheitsrats vom 6. Mai 2022 aufzeigen.[36] In ihr drückt der Sicherheit seine tiefe Sorge hinsichtlich der Aufrechterhaltung von Frieden und Sicherheit der Ukraine aus. Er erinnert an die Verpflichtung der UN-Mitglieder, ihre internationalen Streitigkeiten friedlich beizulegen und unterstützt den UN-Generalsekretär bei der Suche nach solchen Lösungen. Formal handelt es sich nicht um einen förmlichen Beschluss des Sicherheitsrats, sondern um eine bloße präsidentielle Erklärung, die aber den Konsens der Sicherheitsratsmitglieder wiedergibt. In der Sache führt die kurze Erklärung kaum weiter, weil der fundamentale Dissens darüber, ob die Einstellung der Kampfhandlungen die Kapitulation der Ukraine oder aber den Rückzug der russischen Streitkräfte voraussetzt, nicht einmal angesprochen wird. Der bloße Umstand, dass die ständigen Mitglieder eine gemeinsame Erklärung verantworten, zeigt aber ihre Bereitschaft, den Sicherheitsrat nicht mehr nur als Schauplatz der Konfrontation zu nutzen, sondern als Forum für eine potenzielle Suche nach Verständigungsmöglichkeiten. Von der Rolle, die Kapitel VII dem Sicherheitsrat zudenkt, ist

---

32 UN-Dokument S/2022/155.

33 Security Council, 8979th meeting (25.2.2022), UN-Dokument S/PV.8979, S. 6; s. auch *Stefanie Schmahl*, Völker- und europarechtliche Implikationen des Angriffskriegs auf die Ukraine, NJW 2022, 969, Rn. 9.

34 Security Council, Resolution 2623 (2022) vom 27.2.2022.

35 Security Council, 8980th meeting (27.2.2022), UN-Dokument S/PV.8980, S. 2.

36 UN-Dokument S/PRST/2022/3.

das freilich weit entfernt, und es führt nicht über die Rolle hinaus, die der Sicherheitsrat bereits im Kalten Krieg ausgefüllt hat.

Am 24. Februar 2022 ist damit nicht die institutionelle Struktur der Vereinten Nationen zerstört worden, die auch im Kalten Krieg nur eingeschränkte funktionsfähig war. Um eine Zeitenwende handelt es sich jedoch, wenn man die Aufbruchsstimmung nach Ende des Kalten Krieges 1990 als Bezugspunkt wählt.

2. *Das Gewaltverbot*

Bedeutet der Angriff auf die Ukraine eine Zeitenwende in Hinblick auf das Gewaltverbot, das die Völkerrechtsordnung seit 1945 prägt? Als Antwort auf zwei Weltkriege verbietet Art. 2 Nr. 4 UN-Charta jede Anwendung militärischer Gewalt gegen einen anderen Staat. Die Ukraine ist seit dem Zerfall der UdSSR ein souveräner Staat. Am 24. Februar 2022 hat Russland mit massiven militärischen Operationen gegen diesen Staat begonnen. Vorbehaltlich einer möglichen Rechtfertigung ist das ein evidenter Verstoß gegen das völkerrechtliche Gewaltverbot.[37]

a) Juristische Einordnung des russischen Angriffs

Die UN-Charta kennt nur zwei geschriebene Ausnahmen, in denen die Anwendung von Waffengewalt gegen einen anderen Staat gerechtfertigt ist. Zum einen kann der Sicherheitsrat nach Kapitel VII UN-Charta Zwangsmaßnahmen zur Sicherung des Weltfriedens und der internationalen Sicherheit beschließen. In diesem Rahmen lässt Art. 42 UN-Charta auch militärische Zwangsmaßnahmen zu, doch ist der Sicherheitsrat im Ukraine-Konflikt gelähmt. Zum anderen bestätigt Art. 51 UN-Charta das „naturgegebene Recht zur individuellen oder kollektiven Selbstverteidigung“, mit dem Staaten einem bewaffneten Angriff begegnen können. Wer von seinem Recht auf Selbstverteidigung Gebrauch macht, muss dies gemäß Art. 51 Satz 2 UN-Charta dem UN-Sicherheitsrat anzeigen. Das hat Russland getan. Am Tag des Angriffs hat der Ständige Vertreter Russlands bei den Vereinten Nationen dem UN-Generalsekretär ein Schreiben zur Weiterleitung an die Mitglieder des Sicherheitsrats zukommen lassen.[38]

---

37 *Schmahl* (Fn. 33), Rn. 1 ff.
38 Putin-Rede (Fn. 30), S. 1.

Anstatt aber eine juristische Begründung der Operation vorzulegen, wie es beispielsweise die USA 2003 vor dem Sturz des irakischen Machthabers Saddam Hussein getan haben,[39] beschränkte sich der Vertreter Russlands darauf, ein Transkript der Rede beizufügen, mit der der russische Präsident die sog. militärische Spezialoperation[40] am 24. Februar 2022 seinem Volk angekündigt hat.

In seiner Rede beruft sich Wladimir Putin ausdrücklich auf Art. 51 UN-Charta,[41] wobei er in der gesamten Rede keinen Zweifel daran lässt, dass die gefühlte Bedrohung von den NATO-Staaten ausgeht, die ihren Einfluss auf die Ukraine ausgedehnt hätten.[42] Wer Selbstverteidigung nach Art. 51 UN-Charta begründen will, müsste an sich darlegen, warum das Tatbestandsmerkmal des fremden „bewaffneten Angriffs“[43] erfüllt ist. Putin verwendet den Fachbegriff des bewaffneten Angriffs gar nicht. Immerhin findet sich zweimal das Substantiv „Angriff“ und einmal das Partizip „angegriffen“. Zweimal werden die Begriffe im Zusammenhang mit dem deutschen Überfall auf die Sowjetunion 1941 verwendet,[44] bei dem es sich nach heutigen Maßstäben eindeutig um einen bewaffneten Angriff gehandelt hat. Ein drittes Mal findet sich der Begriff bei der Aussage, dass Russland noch immer in der Lage sei, einen „direkten Angriff“[45] auf Russland mit furchtbaren Folgen für jeden Aggressor abzuwehren. Putin behauptet also auch hier nicht, dass es bereits einen Angriff gegeben habe, der Russland zur Selbstverteidigung berechtige.

Danach könnte es sich allenfalls um einen Fall der präventiven Selbstverteidigung handeln. Darauf hat sich Präsident Putin in seiner nachfolgenden Rede zum 9. Mai 2022 in der Tat berufen.[46] Ein Recht zur präventiven Selbstverteidigung wird nach der sog. Webster-Formel insbesondere dann vielfach angenommen, wenn die Gefahr eines bewaffneten Angriffs unmittelbar und überwältigend sei, so dass keine anderen Mittel zur Wahl

---

39 Letter dated 20 March 2003 from the Permanent Representative of the United States of America to the United Nations addressed to the President of the Security Council, UN-Dokument S/2003/351.

40 Putin-Rede (Fn. 30), S. 6.

41 Putin-Rede (Fn. 30), S. 6.

42 Putin-Rede (Fn. 30), S. 5 und passim.

43 Im englischen Original: „armed attack“.

44 Putin-Rede (Fn. 30), S. 8.

45 „direct attack“.

46 Address by the President of Russia at the military parade, 9.5.2022, abrufbar unter: http://en.kremlin.ru/events/president/transcripts/68366.

und keine Zeit für Beratungen blieben.[47] Mit diesen Anforderungen hätte sich Russland auseinandersetzen müssen. Selbst wenn man das Vorgehen der NATO gegenüber Russland als aggressiv bezeichnen wollte, erscheint die Behauptung eines unmittelbar bevorstehenden Angriffs haltlos.

Tatsächlich enthält Putins Rede, die dem Sicherheitsrat vorgelegt wurde, eine Mischung unterschiedlicher Rechtfertigungsansätze, die inkonsistent miteinander kombiniert werden.[48] Kollektive Selbstverteidigung zugunsten der sog. Republiken Luhansk und Donezk[49] scheidet aus, weil es sich nicht um souveräne Staaten handelt. Ein Prozess der Sezession von der Ukraine mag begonnen haben, ist aber nicht abgeschlossen. Ein Angriff auf russisches Staatsgebiet, der zur individuellen Selbstverteidigung berechtigen würde, war nicht ernsthaft zu erwarten. Selbst ein Angriff auf die Krim, die als de facto effektiv von Russland beherrschtes Gebiet den Schutz des Gewaltverbots genießen könnte, scheint abwegig, auch wenn Putin am 9. Mai 2022[50] das Gegenteil behauptet hat.

Der Anspruch, russische Bürger schützen zu wollen,[51] dürfte das Selbstverteidigungsrecht sowohl in tatsächlicher als auch in rechtlicher Hinsicht massiv überdehnen.[52] Die Argumentation, dass die Ukraine einen Völkermord begehe,[53] lässt an den ungeschriebenen Rechtfertigungsgrund einer humanitären Intervention denken, die seit dem Kosovo-Krieg intensiv diskutiert worden ist. Freilich spricht immer noch viel dafür, dass es sich dabei nicht um einen anerkannten Rechtfertigungsgrund handelt.[54] In seiner Rede zum Kriegsbeginn brandmarkt Präsident Putin den Kosovo-Krieg selbst als westliche Missachtung des Völkerrechts.[55]

---

47 S. *Christopher Greenwood*, Caroline, The, in: MPEPIL (Fn. 6), Rn. 5: „instant, overwhelming, leaving no choice of means and no moment of deliberation"; dazu auch *Karsten Schneider*, Notenwechsel v. 1837-1842 – The Caroline/McLeod, in: Jörg Menzel/Tobias Pierlings/Jeannine Hoffmann (Hrsg.), Völkerrechtsprechung, 2005, pp. 825 ff.

48 S. dazu auch *Schmahl* (Fn. 33), Rn. 1-6.

49 Dahingehend Putin-Rede (Fn. 30), S. 6.

50 Oben Fn. 46.

51 Putin-Rede (Fn. 30), S. 6.

52 S. zum Schutz eigener Staatsangehöriger *Robert Uerpmann-Wittzack*, Souveränität und Selbstbestimmung in der Ukraine-Krise: Ist Völkerrecht wichtig?, JOR 56 (2016), 11 (15).

53 Putin-Rede (Fn. 30), S. 5 f.

54 S. nur *Andreas von Arnauld*, Völkerrecht, 4. Aufl. 2019, Rn. 1147; *Bruno Simma*, NATO, the UN and the Use of Force: Legal Aspects, European Journal of International Law 10 (1999), 1 ff.; für die Zulässigkeit dagegen *Matthias Herdegen*, Völkerrecht, 21. Aufl. 2022, § 34 Rn. 52 ff.

55 Putin-Rede (Fn. 30), S. 3.

Hat Russland damit das Gewaltverbot unterminiert? Immerhin stellt Russland die Geltung des Gewaltverbots nach Art. 2 Nr. 4 UN-Charta nicht ausdrücklich in Frage. Es operiert vielmehr mit Rechtfertigungsgründen und erkennt damit die grundsätzliche Geltung des Gewaltverbots an. Am stärksten mag Russland die aktuelle Völkerrechtsordnung herausfordern, wenn es die Eigenständigkeit der Ukraine aus historischen Gründen in Frage stellt. Dies klingt an, wenn Putin in Hinblick auf die Ukraine von den eigenen historischen Gebieten spricht,[56] und es kollidiert mit dem Grundsatz der souveränen Gleichheit aller Staaten nach Art. 2 Nr. 1 UN-Charta. Allerdings wird auch hier das System der Charta nicht grundlegend in Frage gestellt, sondern eher eine Ausnahmesituation behauptet.

b) Wurde das Gewaltverbot umgebracht?

Dass ein Staat mit fadenscheiniger Rechtfertigung zur Waffengewalt greift, ist nicht neu und gehört grundsätzlich auch zum außenpolitischen Repertoire der USA. So marschierten die USA beispielsweise Ende 1989 in Panama ein, um den in Drogengeschäfte verwickelten Machthaber Manuel Noriega zu stürzen und später in den USA vor Gericht zu stellen. Mit Art. 2 Nr. 4 UN-Charta und seinen anerkannten Ausnahmen lässt sich das praktisch nicht rechtfertigen. Vor dem UN-Sicherheitsrat berief sich der Vertreter der Vereinigten Staaten ähnlich wie nun Russland auf das Recht zur Selbstverteidigung im Zusammenhang mit dem Schutz von US-Bürgern in Panama.[57] Die Invasion hatte nicht annähernd das Ausmaß des Ukraine-Konflikts. Die juristische Begründung bleibt aber ebenfalls zumindest anfechtbar.

Damit zeigt sich ein Dilemma, das den US-amerikanischen Völkerrechtler Thomas Franck schon 1970 zu der Frage verleitet hat, wer Art. 2 Nr. 4 UN-Charta umgebracht habe: „Who Killed Article 2(4)?“[58] Francks Ausgangspunkt ist die Feststellung, dass der Sicherheitsrat die Rolle, die ihm im System kollektiver Sicherheit nach Kapitel VII UN-Charta zugewiesen ist, nicht wahrnehmen kann.[59] In dieser Situation würden die Staaten

56 Putin-Rede (Fn. 30), S. 5: „our own historical territories“.

57 UN-Sicherheitsrat, Provisional Verbatim Record of the two thousand eight hundred and ninety-ninth meeting, 20.12.1989, UN-Dokument, S. 31 f.

58 *Thomas M. Franck,* Who Killed Article 2(4)?, American Journal of International Law 64 (1970), 809.

59 *Franck* (Fn. 58), S. 810.

auf ihr Recht nach Art. 51 UN-Charta zurückgreifen, um Waffengewalt zu rechtfertigen. Da es an einer neutralen Feststellungsmöglichkeit fehle, beriefen sich in einem bewaffneten Konflikt regelmäßig beide Seiten auf ihr Selbstverteidigungsrecht. Es bestehe die Versuchung, so Franck, erst anzugreifen und anschließend darüber zu lügen.[60] Die weitere Analyse befasst sich mit damals neuen Phänomenen nicht-konventioneller Kriegsführung, die hier kaum eine Rolle spielen, weil in der Ukraine ein klassischer Krieg zwischen den Streitkräften zweier Staaten geführt wird. Allerdings geht Franck in diesem Zusammenhang auch auf die besonderen Probleme einer präventiven Selbstverteidigung ein, bei der die behauptete Bedrohungslage regelmäßig nicht glaubwürdig sei. Alle Streitkräfte unfreundlicher Staaten erschienen für ihre Gegner als Bedrohung und eine sinnvolle Unterscheidung zwischen „offensiven" und „defensiven" Waffen sei noch nicht gefunden worden.[61] Als Alternative zum Gewaltverbot sieht Franck die friedliche Koexistenz verschiedener Regionen, die jeweils von einer Supermacht, nämlich den USA, der UdSSR oder in Zukunft China dominiert würden. In diesem Zusammenhang bezeichnet er es 1970 als bereits etablierte Praxis, dass die USA und Russland keine Gewalt in der Region der jeweils anderen Vorherrschaft anwenden würden.[62]

Liest man Francks Analyse, die vor über 50 Jahren mitten im Kalten Krieg entstand, vor dem Hintergrund des russischen Angriffs auf die Ukraine, erscheint sie unverändert aktuell: Da der Sicherheitsrat gelähmt und niemand das Vorliegen einer Selbstverteidigungssituation gleichermaßen neutral und verbindlich beurteilen kann, berufen sich beide Seiten auf Art. 51 UN-Charta, wobei sich die Behauptung präventiver Selbstverteidigung, die Russland erhoben hat, ohnehin einer vernünftigen Überprüfung entzieht. Insofern ist nur die Euphorie nach dem Ende des Kalten Krieges mit der Hoffnung auf eine gemeinsame, bessere Welt verflogen. Mit dem Ende des Kalten Krieges und dem Zerfall der Sowjetunion haben sich freilich auch die Grenzen der regionalen Einflusszonen verschoben, was Putin in seiner Rede zum Beginn des Angriffs auf die Ukraine bitter beklagt.[63] Insofern erscheint der Angriff auf die Ukraine als Versuch, die Kräfteverhältnisse des Kalten Krieges zumindest teilweise wiederherzustellen. Mit den Idealen der UN-Charta ist das nicht vereinbar. Es deckt sich aber erstaunlich mit der Analyse Thomas Francks im Kalten Krieg. Der Angriff

60 *Franck* (Fn. 58), S. 811.
61 *Franck* (Fn. 58), S. 821 f.
62 *Franck* (Fn. 58), S. 835 f.
63 Putin-Rede (Fn. 30), S. 2 ff.

beendet damit Träume, die mit dem Ende des Kalten Krieges 1989/1990 entstanden waren.

Francks Analyse ist übrigens schon im folgenden Jahr widersprochen worden: Die Berichte vom Tod des Artikels 2 Nr. 4 seien stark übertrieben, so lautete die Antwort von Louis Henkin.[64] Art. 2 Nr. 4 UN-Charta tauge durchaus als normatives Leitbild,[65] zumal unhaltbaren Behauptungen einer aktuellen oder präventiven Selbstverteidigungslage von der großen Mehrheit der Staaten widersprochen worden sei.[66] Auch das bestätigt sich 50 Jahre später. Am 1. März 2022 hat die Generalversammlung den russischen Angriff in einer außerordentlichen Sitzung ausdrücklich als Aggression und Verstoß gegen Art. 2 Nr. 4 UN-Charta gebrandmarkt.[67] Die Resolution wurde mit 141 Ja-Stimmen angenommen. Nur fünf Staaten, nämlich Belarus, Eritrea, Nord-Korea, Russland und Syrien stimmten dagegen. 35 enthielten sich.[68]

Sucht man nach einem kategorialen Unterschied zwischen dem heutigen Krieg und früheren bewaffneten Konflikten, in die die USA, Russland oder andere europäische Staaten seit 1945 in der einen oder anderen Weise verwickelt waren, springt die Vergrößerung des eigenen Staatsgebiets zu Lasten der Ukraine ins Auge, die Russland offenbar anstrebt oder zum Teil schon vorgenommen hat. Mit der Annexion fremden Staatsgebiets überschreitet Russland eine rote Linie, die eine Rückkehr zur Normalität schwer vorstellbar erscheinen lässt. Wird ein Regime in Afghanistan oder im Irak mit militärischer Gewalt beseitigt, kann sich die internationale Gemeinschaft an den Wiederaufbau machen und eine neue Regierung anerkennen, selbst wenn das alte Regime völkerrechtswidrig beseitigt wurde. Verdankt der Kosovo seine Unabhängigkeit einer völkerrechtswidrigen militärischen Intervention, kann der unabhängige Staat ebenso anerkannt werden. Anders verhält es sich bei der Annexion, weil es mit dem Bestand des Gewaltverbots unvereinbar erscheint, den Aggressor für seine Aggression zu belohnen, indem ihm die Früchte seiner Missachtung der völkerrechtlichen Ordnung belassen werden.[69] Das macht es so schwierig, sich

---

64 *Louis Henkin*, The Reports of the Death of Article 2(4) Are Greatly Exaggerated, American Journal of International Law 65 (1971), 544.

65 *Henkin* (Fn. 64), S. 544 f.

66 *Henkin* (Fn. 64), S. 545.

67 UN-Dokument A/ES-11/1, Rn. 2.

68 UN-Generalversammlung, Pressemitteilung vom 2.3.2022, UN-Dokument GA/12407; dazu auch *Christian Walter*, der Ukraine-Krieg und das wertebasierte Völkerrecht, JZ 2022, 473 (475).

69 Zum Annexionsverbot *von Arnauld* (Fn. 54), Rn. 80.

einen Kompromiss zur Lösung des Russland-Ukraine-Konflikts vorzustellen.[70] Insofern ist der Sündenfall allerdings schon 2014 mit der Annexion der Krim geschehen.[71] Das Dilemma ist mit dem russischen Generalangriff auf die Ukraine nur offensichtlicher geworden. Mit der Annexion ukrainischen Staatsgebiets erhebt Russland einen Anspruch, den der Westen, will er an der Nachkriegsordnung festhalten, nicht akzeptieren kann.

70 S. auch *Walter* (Fn. 68), S. 481.
71 S. *Uerpmann-Wittzack* (Fn. 52), JOR 56 (2016), 11 (14-17).

III. Der Europarat

1. Russland als europäischer Staat?

Ist Russland ein europäischer Staat? Gewiss lässt sich die Zuordnung eines Staates nicht vollkommen von der Geografie lösen. Bei Staaten wie Russland oder auch der Türkei, deren größte Städte geografisch auf europäischem Boden liegen, handelt es sich jedoch auch um eine kulturelle und politische Frage. Eine juristische Antwort gibt die Mitgliedschaft im Europarat: Nach Art. 4 i.V.m. Art. 3 der Satzung des Europarats kann „[j]eder europäische Staat, der für fähig und gewillt befunden wird", die Grundwerte des Europarats zu erfüllen, vom Ministerkomitee des Europarats zur Mitgliedschaft eingeladen werden. Auf diesem Weg ist die Türkei 1950, noch kurz vor der Bundesrepublik Deutschland, beigetreten.[72] Nach dem Ende des Kalten Krieges wurde 1996 auch Russland aufgenommen. Blickt man auf die Mitgliedschaft im Europarat, lautet die Antwort also: Russland war seit 1996 ein europäischer Staat.

Allerdings war die Aufnahme schon 1996 umstritten. Vor dem Beitritt der mittel-, ost- und südosteuropäischen Staaten wurde jeweils sorgfältig geprüft, welche Fortschritte sie bei der Verwirklichung der Grundwerte des Europarats gemacht hatten und ob sie beitrittsbereit waren.[73] Die Berichte zu Russland fielen skeptisch aus.[74] Der erste Tschetschenienkrieg führte im Februar 1995 nicht nur zu einer scharfen Verurteilung durch die Parlamentarische Versammlung des Europarats, sondern veranlasste die Versammlung auch dazu, die Prüfung des russischen Beitrittsgesuchs

---

72 S. oben Fn. 17.

73 Zum Beitrittsverfahren *Eckart Klein*, Membership and Observer Status, in: Stefanie Schmahl/Marten Breuer (Hrsg.), The Council of Europe. Its Law and Politics, 2017, 3. Kapitel, Rn. 3.33 ff.; zur Rolle der Parlamentarischen Versammlung auch *Philip Leach*, The Parliamentary Assembly of the Council of Europe, ebenda, 7. Kapitel, Rn. 7.30 ff.

74 S. Parlamentarische Versammlung, Report on the conformity of the legal order of the Russian Federation with Council of Europe Standards vom 28.9.1994, Europaratsdokument AS/Bur/Russia(1994)7, Human Rights Law Journal 15 (1994), 249 ff.; s. auch *Leach* (Fn. 73), Rn. 7.43-7.45.

zu suspendieren.[75] Als sich eine politische Lösung des Tschetschenienkonflikts abzeichnete, wurde die Prüfung ein gutes halbes Jahr später wieder aufgenommen.[76] Die Parlamentarische Versammlung sah trotz der „tragischen Tschetschenien-Erfahrung“[77] positive Entwicklungen und meinte, sich auf die Fortsetzung und Stärkung des langfristigen Kooperationsprogramms für Menschenrechte, Demokratie und den Aufbau einer Rechtsordnung in der Russischen Föderation verlassen zu können.[78] Auch zum Abschluss des Prüfverfahrens ließ der Ausschuss der Versammlung für Rechtsangelegenheiten und Menschenrechte im Januar 1996 keinen Zweifel am Fortbestehen erheblicher Defizite.[79] Beim Anlegen strenger Kriterien erfülle Russland die Beitrittsvoraussetzungen noch nicht. Man könne sich jedoch fragen, ob ein Beitritt nicht bei der Verwirklichung der entsprechenden Voraussetzungen helfen könne, weil Russland mit dem Beitritt Verpflichtungen eingehe, die dann überwacht würden. Das könne für einen Beitritt sprechen. Letztlich müsse man Abwägen zwischen den bestehenden Defiziten und einer politischen Bewertung der Chancen und Aussichten, die Situation infolge des Beitritts zu verbessern.[80] Auf dieser Grundlage kam die Parlamentarische Versammlung in ihrer Stellungnahme zu dem Schluss, dass Russland klar bereit sei und in naher Zukunft auch fähig sein werde, die Beitrittsvoraussetzungen zu erfüllen.[81] Der Beitritt war mithin ein Scheck auf die Zukunft.

Die erhoffte Entwicklung Russlands blieb jedoch stecken und kehrte sich später um. 1999 kam es zu einem zweiten, blutigen Tschetschenienkrieg, in dem die tschetschenische Opposition weitgehend vernichtet wurde und der 2022 als Vorbild für das Vorgehen in der Ukraine angeführt

---

75 Parlamentarische Versammlung, Entschließung 1055 (1995) vom 2.2.1995, Rn. 2 f. und 11, Human Rights Law Journal 17 (1996), 196.

76 Parlamentarische Versammlung, Entschließung 1065 (1995) vom 26.9.1995, Human Rights Law Journal 17 (1996), 196.

77 Ebenda, Rn. 9: „tragic experience of Chechnya".

78 Ebenda, Rn. 9 f.

79 Parlamentarische Versammlung, Ausschuss für Rechtsangelegenheiten und Menschenrechte, Opinion on Russia's application for membership in the Council of Europe vom 18.1.1996, Human Rights Law Journal 17 (1996), 218, Rn. 75.

80 Ebenda Rn. 76.

81 Parlamentarische Versammlung, Stellungnahme 193 (1996) vom 25.1.1996, Rn. 7, Human Rights Law Journal 17 (1996), 185.

worden ist.[82] Dem Europarat blieb 1999 die Rolle des Mahners.[83] Eine massive Verschlechterung der Beziehungen zwischen Russland und dem Europarat brachte die Annexion der Krim 2014. Als Reaktion verweigerte die Parlamentarische Versammlung den russischen Abgeordneten die Akkreditierung[84] mit der Folge, dass Russland seine Beitragszahlungen einstellte.[85] Erst 2019 konnte der offene Konflikt mit einem politischen Kompromiss beigelegt werden, der den russischen Abgeordneten wieder die Teilnahme an den Sitzungen der Parlamentarischen Versammlung ermöglichte.[86] Die Annexion der Krim blieb als schwerer Verstoß gegen das Völkerrecht im Raum stehen und weitere Probleme kamen hinzu. So beklagte die Parlamentarische Versammlung 2021 eine Anzahl sich verschlechternder, negativer Tendenzen in Hinblick auf Demokratie, Rechtsstaatlichkeit und Menschenrechte in Russland.[87]

Insofern lässt sich sagen, dass Russland nie richtig im Europa des Europarats angekommen war und dass es sich nach dem Beitritt wieder zunehmend entfernt hat. Mit dem Angriff auf die Ukraine war Anfang 2022 die rote Linie überschritten, die eine weitere Mitgliedschaft im Europarat aus Sicht der übrigen Europaratsstaaten unmöglich machte. Man mag unterschiedlicher Meinung sein, ob Russland aus dem Europarat ausgeschlossen wurde oder selbst ausgetreten ist. Die Resolution des Ministerkomitees des Europarats vom 16. März 2022 klingt nach einem Ausschluss.[88] Freilich hatte Russland unmittelbar zuvor seinen Austritt erklärt und das Ministerkomitee hat jedenfalls nicht das in Art. 8 Europaratssatzung vorgesehene Verfahren eingehalten.[89] Einigkeit besteht aber darin, dass Russland mit

---

82 Tagesschau, Kiew und das „Grosny-Szenario", 3.3.2022, https://www.tagesschau.de/ausland/europa/kiew-grosny-101.html.

83 S. z.B. Parlamentarische Versammlung, Entschließung 1201 (1999) vom 4.11.1999, https://pace.coe.int/en/files/16809/.

84 S. Parlamentarische Versammlung, Entschließung 1990 (2014) vom 10.4.2014 und Entschließung 2034 (2015) vom 28.1.2015.

85 *Petra Roter*, Russia in the Council of Europe: Participation à la carte, in: Lauri Mälksoo/Wolfgang Benedek (Hrsg.), Russia and the European Court of Human Rights, 2017, S. 26 (52 f.); *Schmahl* (Fn. 33), Rn. 18.

86 Siehe Parlamentarische Versammlung, Entschließung 2292 (2019) vom 26.6.2019 m. w. Nachw.

87 Parlamentarische Versammlung, Entschließung 2363(2021) vom 28.1.2021, Rn. 2 ff.

88 Europaratsdokument CM/Res(2022)2, EuGRZ 2022, 167 und dazu *Schmahl* (Fn. 33), Rn. 20.

89 S. *Stefanie Schmahl*, Der ungleichzeitige Ausschluss Russlands aus Europarat und EMRK, NVwZ 2022, 595 f.

Wirkung vom 16. März 2022 aus dem Europarat ausgeschieden ist, wie es die Resolution des Ministerkomitees vorsieht. Damit ist endgültig klar, dass Russland sich nicht zu einem europäischen Staat entwickelt hat, der die Werte des Europarats teilt. Angesichts der Vorgeschichte muss man darin keine Zeitenwende sehen, doch setzt der Angriff auf die Ukraine mit dem nachfolgenden Ausscheiden Russlands aus dem Europarat einen Schlusspunkt und markiert das Ende eines europäischen Traums.

2. *Die Zukunft des Europarats und seiner Grundwerte*

Es bleibt die Frage, was das Ausscheiden Russlands für den Europarat als Wertegemeinschaft bedeutet. Tatsächlich ist Russland nicht der einzige Staat, der die drei Grundwerte, für die der Europarat steht, grundsätzlich in Frage stellt.

Ein Indikator für schwere Rechtsstaatsverstöße ist die Rechtsprechung des EGMR zu Art. 18 EMRK. Nach dieser Vorschrift dürfen die „nach dieser Konvention zulässigen Einschränkungen der genannten Rechte und Freiheiten … nur zu den vorgesehenen Zwecken erfolgen". Es handelt sich um ein Missbrauchsverbot, das an sich selbstverständlich erscheint: Lässt beispielsweise Art. 5 EMRK eine Verhaftung nur aus bestimmten Gründen zu, ist eine Verhaftung aus anderen Gründen unzulässig. Dafür bedarf es keines Rückgriffs auf Art. 18 EMRK. Daher erschien es lange Zeit ausgeschlossen, dass Art. 18 EMRK eine eigenständige Bedeutung in der Rechtsprechung des EGMR erlangen könnte. Seit 2004 stellt der Gerichtshof jedoch einen Verstoß gegen Art. 18 EMRK fest, wenn er zu dem Schluss gelangt, dass Grundrechtseinschränkungen, die die EMRK aus bestimmten Gründen erlaubt, für andere Zwecke missbraucht wurden. Den Auftakt bildete die Sache Gusinskiy/Russland, in der der EGMR feststellte, dass die Untersuchungshaft missbraucht worden war, um den Beschwerdeführer dazu zu bewegen, sein Medienunternehmen an den Gazprom-Konzern zu veräußern.[90] Seitdem weist die Rechtsprechungsdatenbank des EGMR[91] 23 Verurteilungen wegen Verstoßes gegen Art. 18 EMRK auf. 11 betreffen Aserbaidschan, je drei Russland und die Türkei, je zwei die Ukraine und Georgien sowie je eine Bulgarien und die Republik Moldau. Die katastrophale Bilanz Aserbaidschans mag man innerhalb des Europarats vernachlässigen, wenn man den relativ kleinen Staat innerhalb Europas als

90 EGMR, Urteil vom 16.5.2004 – 70267/01, Rn. 73-78 – Gusinskiy/Russland.
91 Zugänglich unter https://hudoc.echr.coe.int/.

Außenseiter betrachtet, der den Europarat kaum mitzuprägen vermag. Die offenkundigen Rechtsstaatsdefizite der Ukraine und Georgiens erscheinen weniger gewichtig, wenn man davon ausgeht, dass sich die beiden Staaten zu mehr Rechtsstaatlichkeit hinbewegen. Mindestens die Türkei bleibt jedoch Besorgnis erregend. Zu den türkischen Fällen gehört nicht zuletzt das Strafverfahren gegen den türkischen Menschenrechtsaktivisten Osman Kavala, der in der Türkei am 25. April 2022 wegen versuchten Umsturzes in Form einer Unterstützung der Gezi-Park-Proteste zu lebenslanger Haft verurteilt wurde.[92] Der EGMR hat die Anschuldigungen schon 2019 für vorgeschoben gehalten und ist davon ausgegangen, dass Kavala als Menschenrechtsaktivist mundtot gemacht werden sollte.[93] Die grundsätzliche Weigerung der Türkei, das Kavala-Urteil anzuerkennen, könnte zum endgültigen Bruch zwischen der Türkei und dem Europarat führen. Anders als die Ukraine entfernt sich die Türkei seit einigen Jahren von den Werten des Europarats. So zeigte sich die Parlamentarische Versammlung 2021 besorgt „über die kontinuierliche Verschlechterung der Rechte von Oppositionspolitikern und ihrer Möglichkeiten, ihre Abgeordnetenmandate auszuüben, die das Funktionieren demokratischer Institutionen in der Türkei" untergrabe.[94]

Das Bild bestätigt sich, wenn man die Verstöße gegen Art. 11 EMRK betrachtet, der die Versammlungs- und Vereinigungsfreiheit garantiert. In Verletzungen dieser beiden Rechte wird ein Zurückdrängen der Zivilgesellschaft besonders deutlich.[95] Von 2015 bis 2021 hat der EGMR in 95 Fällen eine Verletzung von Art. 11 EMRK festgestellt.[96] 30 Verurteilungen, also ein knappes Drittel, entfallen auf die Türkei. Russland stellt mit 25 Urteilen mehr als ein Viertel der Verurteilungen. Mit weitem Abstand folgen Armenien, Aserbaidschan und die Ukraine mit je 6 Verurteilungen.

---

92 S. Deutschlandfunk, Der Fall Osman Kavala, 26.4.2022, abrufbar unter: https://www.deutschlandfunk.de/osman-kavala-tuerkei-haftstrafe-100.html.

93 EGMR, Urteil vom 10.12.2019 – 28749/18, Rn. 230-232 – Kavala/Russland.

94 Parlamentarische Versammlung, Entschließung 2376 (2021) vom 22.4.2021, Rn. 2 (eigene Übersetzung); s. auch die Übersetzung in BT-Drs. 20/1700, S. 52 (53).

95 S. dazu *Robert Uerpmann-Wittzack*, Freedom of Association: The Shrinking Space of Civil Society, in: Daniel Erasmus Khan, Evelyne Lagrange, Stefan Oeter and Christian Walter (eds.), Democracy and Sovereignty: Rethinking the Legitimacy of Public International Law (erscheint demnächst; Preprint verfügbar unter: https://doi.org/10.5283/epub.44367).

96 Abfrage über die EGMR-Datenbank HUDOC (oben Fn. 91) mit der zeitlichen Eingrenzung 1.1.2015-31.12.2021 sowie den Filtern: Language=English sowie Violation=11.

Ein ähnliches Bild ergibt sich, wenn man nach Verletzungen der Justizgarantien des Art. 6 Abs. 1 EMRK fragt, die ein Indikator für Rechtsstaatsdefizite sind.[97] Hier stehen für die Jahre 2015 bis 2021 Russland und die Türkei mit je 97 Verurteilungen an der Spitze, gefolgt von der Ukraine mit 60 Verurteilungen. Auf dem vierten Platz kommt Rumänien mit 43 Verurteilungen. Freilich lässt sich der Zustand des Rechtsstaats nicht rein quantitativ messen. So hat der EGMR in Urteilen gegen Polen schwere Rechtsstaatsdefizite diagnostiziert, obwohl Polen mit 21 Verurteilungen nur knapp vor Belgien mit 20 Verurteilungen liegt. In einem Urteil vom 15. März 2022 hat die Große Kammer des EGMR ihre grundlegende Kritik zusammengefasst:

> „Der Gerichtshof hält fest, dass die ganze Abfolge von Ereignissen in Polen … lebhaft veranschaulicht, dass aufeinanderfolgende Justizreformen zum Ziel hatten, die richterliche Unabhängigkeit zu schwächen, beginnend mit den schweren Unregelmäßigkeiten bei der Wahl von Richtern des Verfassungsgerichtshofs im Dezember 2015, dann namentlich mit dem Umbau des Nationalen Justizrats und der Schaffung neuer Kammern am Obersten Gerichtshof, während die Kontrolle des Justizministers über die Gerichte ausgebaut und seine disziplinarrechtliche Rolle vergrößert wurde. … Als Folge der aufeinanderfolgenden Reformen wurde die Gerichtsbarkeit – ein autonomer Zweig der Staatsgewalt – Eingriffen der Exekutive und der Legislative ausgesetzt und dadurch wesentlich geschwächt.“[98]

Sorgen bereitet auch der Umgang mit sog. traditionellen Werten, der Staaten wie Ungarn und Polen ähnlich prägt wie Russland. Ungarns Präsident Viktor Orbán hat 2014 in einer Rede das Leitbild einer illiberalen Demokratie entworfen. Der illiberale Staat respektiere zwar immer noch Werte wie Christentum, Menschenrechte und Grundwerte des Liberalismus wie Freiheit. Liberalismus sei aber kein zentrales Element der Staatsorganisation mehr, sondern werde durch ein spezifisches, nationales Herangehen

97 Abfrage über die EGMR-Datenbank HUDOC (oben Fn. 91) mit der zeitlichen Eingrenzung 1.1.2015-31.12.2021 sowie den Filtern: Language=English sowie Violation=6-1.

98 EGMR (Große Kammer), Urt. v. 15.3.2022 – 43572/18, Rn. 348 – Grzęda/Polen m. w. Nachw. aus der Rechtsprechung von EGMR und EuGH (eigene Übersetzung).

ersetzt.[99] Das steht im Widerspruch zu der berühmten Formel, mit der der EGMR seit seinem Urteil in der Sache Handyside aus dem Jahr 1976[100] den Konventionsbegriff der demokratischen Gesellschaft umschreibt.[101] Mehrere Konventionsartikel, darunter die Garantie der Meinungsfreiheit, lassen nur solche Einschränkungen zu, die „in einer demokratischen Gesellschaft notwendig sind".[102] Für den EGMR gehören zur demokratischen Gesellschaft „Pluralismus, Toleranz und Aufgeschlossenheit".[103] Daher schütze die Konvention nicht nur Informationen und Ideen, die „als unschädlich oder unwichtig" angesehen werden, sondern auch solche, die „verletzen, schockieren oder beunruhigen".[104] Damit zeichnet der EGMR das Bild einer liberalen Demokratie.

Auch die Konstruktion eines Konflikts zwischen sog. traditionellen Werten auf der einen Seite und sog. Gender-Ideologie auf der anderen Seite, den Putin in seiner Rede zum Angriff auf die Ukraine beschwört,[105] ist nicht auf Russland beschränkt. Hier zeigt sich ebenfalls der Kampf zwischen liberal und illiberal. Der EGMR betont beim Schutz des Familienlebens in neueren Entscheidungen die Freiheit der einzelnen, mit wem und wie sie zusammenleben wollen.[106] Diese selbstgewählten Lebensformen verdienen nach Art. 8 EMRK staatlichen Schutz, solange sich aus der individuellen Lebensweise nicht konkrete Gefahren für einzelne Individuen

99 The Budapest Beacon, Full text of Viktor Orbán's speech at Băile Tuşnad (Tusnádfürdő) of 26 July 2014, 29.7.2014, https://budapestbeacon.com/full-text-of-viktor-orbans-speech-at-baile-tusnad-tusnadfurdo-of-26-july-2014/.

100 EGMR, Urteil vom 7.12.1976 – 5493/72, EGMR-E 1, 217 – Handyside.

101 Zum grundlegenden Charakter des Handyside-Urteils *Sally Dollé/Clare Ovey*, Handyside, 35 years down the road, in: Josep Casadevall/Egbert Myjer/Micheal O'Boyle/Anna Austin (Hrsg.), Freedom of Expression. Essays in Honour of Nicolas Bratza, 2012, S. 541 ff.

102 Art. 8-11 EMRK, jeweils Abs. 2.

103 EGMR, Urteil vom 7.12.1976 – 5493/72, Rn. 49, EGMR-E 1, 217 – Handyside.

104 Ebenda.

105 Putin-Rede (Fn. 30), S. 4: „... es gab andauernde Versuche [des Westens], uns für ihren eigenen Interessen zu nutzen, unsere traditionellen Werte zu vernichten und uns ihre Pseudo-Werte aufzudrängen, die uns und unser Volk von innen zersetzen würden; diese Haltungen werden bereits aggressiv in ihren Ländern durchgesetzt und führen direkt zu Verfall und Degeneration, weil sie der menschlichen Natur selbst widersprechen" (eigene Übersetzung aus dem Englischen).

106 EGMR, Urteil vom 13.7.2021 – 40792/10 u.a., Rn. 49 ff. – Fedotova u.a./Russland; Urteil vom 16.9.2021 – 20741/10, Rn. 84-93 – X/Polen.

ergeben.[107] Damit verfolgt der EGMR unaufgeregt einen liberalen Ansatz, der von der Schutzwürdigkeit individueller Lebensentwürfe ausgeht. Dem stehen Vertreter einer illiberalen Ordnung gegenüber, die es als Aufgabe des Staates ansehen, für die Verwirklichung bestimmter, traditioneller Lebensformen einzutreten. Das gilt beispielsweise für Polen.[108] Während Polen und Russland sicherheitspolitisch klare Gegner sind, eint sie eine illiberale Ehe- und Familienpolitik, die geschlechtliche Diversität als Gender-Ideologie ausblendet.

Sicherheits- und bündnispolitisch hat Russlands Angriff auf die Ukraine zumindest vorübergehend zu einer Einigung der übrigen Europaratsstaaten gegen Russland geführt, die sich auch in den gemeinsamen Beschlüssen zum Ausscheiden Russlands aus dem Europarat zeigt. Freilich ist diese Einigkeit schon jetzt nicht überall gleich stark ausgeprägt. So bleibt die türkische Haltung gegenüber Russland vergleichsweise vorsichtig. Dabei lassen die Vorbehalte der Türkei gegen einen NATO-Beitritt Schwedens einen fundamentalen Dissens in der Haltung gegenüber kurdischen Organisationen erkennen.[109] Der Dissens betrifft auch Fragen der Meinungsfreiheit und des Umgangs mit Oppositionellen und damit Grundwerte des Europarats.

So bleibt vorerst offen, wie sich die Frontbildung gegen Russland auf die gemeinsamen europäischen Werte auswirkt, die der Europarat verkörpert. Optimisten mögen hoffen, dass die Frontbildung gegen Russland das Bewusstsein verstärkt, sich durch gemeinsame Werte von Russland abzuheben. Das Bedürfnis, Einheit gegenüber Russland zu zeigen, könnte aber auch dazu führen, dass über Menschenrechts-, Rechtsstaats- und Demokratiedefizite in einzelnen Staaten noch stärker hinweggesehen wird als bisher. Dann würde die gemeinsame Legitimationsbasis des Europarats auf längere Sicht weiter unterminiert.

---

107 *Robert Uerpmann-Wittzack*, Rechtsprechung des Europäischen Gerichtshofs für Menschenrechte zum Familienrecht in den Jahren 2020 und 2021, FamRZ 2022, 749 (756, 758).

108 Dazu *Anna Gwiazda*, Gender Ideologies and Polish Political Parties, in: Government and Opposition, 2022, https://doi.org/10.1017/gov.2021.57.

109 S. Tagesschau, Was Erdogan braucht und Schweden nicht geben kann, Interview mit Paul Levin, 20.5.2022, https://www.tagesschau.de/ausland/europa/schweden-tuerkei-nato-pkk-101.html.

IV. Das Flüchtlingsrecht

Schließlich ist das Flüchtlingsrecht auf eine mögliche Zeitenwende zu befragen. Als sich Flüchtlinge aus Syrien 2015 in großer Zahl auf den Weg nach Europa machten, nahm Deutschland eine Million Flüchtlinge auf. Die deutsche Kanzlerin erklärte optimistisch: „Wir schaffen das."[110] Innenpolitisch war die Aufnahme jedoch sehr umstritten und einige Verfassungsrechtler meinten, schwere Rechtsbrüche zu erkennen.[111] In den folgenden Jahren konzentrierte sich die deutsche Politik darauf, eine Wiederholung der Ereignisse von 2015 zu verhindern. Ungarn blockierte letztlich die Fluchtroute über den Balkan.[112] Gemeinsam mit Polen und Tschechien verweigerte das mitteleuropäische Land jede Umsiedlung von Flüchtlingen im Rahmen der Europäischen Union.[113] Als der russische Angriff auf die Ukraine Ende Februar 2022 eine Fluchtwelle auslöste, konnten flüchtende Ukrainerinnen mit ihren Kindern hingegen frei in die angrenzenden EU-Staaten ein- und in andere EU-Staaten weiterreisen. Polen trägt bereitwillig die Hauptlast. Bis Anfang Mai hat das Land über drei Millionen Einreisen aus der Ukraine verzeichnet.[114] Vordergründig könnte man darin einen grundlegenden Wandel gegenüber der Skepsis von 2015 sehen. Blickt man weiter zurück, werden jedoch Kontinuitäten deutlich.

---

110 *Angela Merkel* in der Bundespressekonferenz am 31.8.2015; Mitschrift abrufbar unter: https://www.bundesregierung.de/Content/DE/Mitschrift/Pressekonferenzen/2015/08/2015-08-31-pk-merkel.html.

111 Kritisch dagegen *Thorsten Kingreen*, Mit gutem Willen und etwas Recht: Staatsrechtslehrer in der Flüchtlingskrise, JZ 2016, 887 ff.

112 S. dazu Redaktion beck-aktuell, Ungarn und Slowakei reichen Klage gegen EU-Flüchtlingsverteilung ein, 3.12.2015, becklink 2001836.

113 S. dazu EuGH, Urt. v. 2.4.2020 – C-715/17 u.a., NJW 2020, 1729 – Kommission/Polen u.a.

114 United Nations High Commissioner for Refugees (UNHCR), Ukraine Situation, Refugees from Ukraine across Europe (as of 05 May 2022).

1. *Flüchtlingsschutz als Verantwortung: 1918-1989*

Auf völkerrechtlicher Ebene wird die Genfer Flüchtlingskonvention aus dem Jahr 1951 als Magna Charta des Flüchtlingsschutzes bezeichnet. Verfassungsrechtlich kommt dem Asylrecht eine Schlüsselstellung zu, das 1949 noch ohne Vorbehalte in Art. 16 Abs. 2 Satz 2 GG verankert wurde: „Politisch Verfolgte genießen Asylrecht". Es handelt sich also wie bei UN-Charta, Satzung des Europarats und EMRK um Texte, die in den Jahren unmittelbar nach Ende des Zweiten Weltkriegs verabschiedet wurden. Sie reagieren auf die Europäischen Fluchtbewegungen der ersten Hälfte des 20. Jahrhunderts.

In Russland führte die Revolution 1918 zu einem Bürgerkrieg, in dem die Weißen Garden mit Unterstützung westlicher Staaten gegen die Bolschewiki kämpften. Siege der Roten Armee führten dazu, dass die Mitglieder der Weißen Garden mit ihren Angehörigen Russland verließen. Allein im November 1920 setzten sich 135.000 Anhänger des russischen Generals Wrangel, darunter 70.000 Soldaten, innerhalb weniger Tage mit französischer Hilfe von der Krim nach Konstantinopel ab.[115] So befanden sich 1922 etwa 900.000 russische Flüchtlinge im europäischen Ausland, davon etwa 240.000 in Deutschland.[116] Konstantinopel hat in der Spitze bis zu 200.000 Flüchtlinge beherbergt, von denen 1922 noch 35.000 in der Stadt lebten.[117] Ende 1921 kam es in Konstantinopel zu einer Versorgungskrise, in der viele russische Flüchtlinge zu verhungern drohten.[118] In dieser Situation berief der Völkerbund, der 1919 mit dem Vertrag von Versailles als Vorläufer der heutigen Vereinten Nationen gegründet worden war, den Polarforscher Fridtjof Nansen zum Flüchtlingshochkommissar. Sein Mandat war es, „jede Person russischen Ursprungs" zu unterstützen, „die nicht oder nicht länger den Schutz der Regierung der UdSSR genießt und die keine andere Staatsangehörigkeit erworben hat".[119]

---

115 *Claudena M. Skran*, Refugees in Inter-War Europe. The Emergence of a Regime, 1995, S. 34 f.

116 *Skran* (Fn. 115), S. 35.

117 Zahlen nach *Skran* (Fn. 115), S. 36; s. auch ebenda S. 185 f.

118 S. *Skran* (Fn. 115), S. 186.

119 Zitiert nach *Peter Gatrell*, The Making of the Modern Refugee, Oxford 2015, S. 55 (eigene Übersetzung); s. zum Ganzen im Überblick auch *Robert Uerpmann-Wittzack*, Territoriales Asyl, *Non-Refoulement* und das souveräne Recht zur Grenzkontrolle, in: Raphaela Etzold/Martin Löhnig/Thomas Schlemmer (Hrsg.), Migration und Integration in Deutschland nach 1945, 2019, S. 99 (104).

Weitere Flüchtlingsströme entstanden durch den Zerfall des Osmanischen Reiches und der Habsburger Monarchie.[120] Ab 1933 führten die Verfolgungen im nationalsozialistischen Deutschland zu weiteren Fluchtbewegungen, nicht zuletzt von Juden. Während der von Fridtjof Nansen errichtete Flüchtlingsschutz zunächst durchaus erfolgreich war, kam der Völkerbund nun an seine Grenzen und wurde zunehmend gelähmt.[121]

Vor dem Eindruck der großen europäischen Fluchtbewegungen der ersten Hälfte des 20. Jahrhunderts definiert Art. 1 A 2 der Genfer Flüchtlingskonvention als Flüchtling eine Person, die „aus der begründeten Furcht vor Verfolgung wegen ihrer Rasse, Religion, Nationalität, Zugehörigkeit zu einer bestimmten sozialen Gruppe oder wegen ihrer politischen Überzeugung sich außerhalb des Landes befindet, dessen Staatsangehörigkeit sie besitzt, und den Schutz dieses Landes nicht in Anspruch nehmen kann oder wegen dieser Befürchtung nicht in Anspruch nehmen will ..." Diese Definition erfasste russische Oppositionelle, die vor einer Verfolgung durch das kommunistische Regime flohen, ebenso wie die Opfer staatlicher Judenverfolgung.

Ganz ähnlich wird der Begriff des politisch Verfolgten im früheren Art. 16 Abs. 2 Satz 2 GG und heutigen Art. 16a Abs. 1 GG verstanden.[122] Aufgenommen werden soll nach der Rechtsprechung des Bundesverfassungsgerichts, wer, wie russische Oppositionelle oder Juden im Dritten Reich, von seinem Heimatstaat „aus der übergreifenden Friedensordnung der staatlichen Einheit"[123] ausgegrenzt wird. Wie sehr damit im Kalten Krieg ein Gefühl der moralischen Überlegenheit verbunden war, zeigt ein Beschluss des Bundesverfassungsgerichts aus dem Jahr 1959. Für eine weite Auslegung des Asylrechts führte das Gericht dort Folgendes ins Feld:

> „Eine weite Auslegung des Art. 16 Abs. 2 Satz 2 GG entspricht nicht nur dem Geist, in dem er konzipiert worden ist, sondern auch der

---

120 Dazu *Skran* (Fn. 115), S. 41 ff.

121 S. auch *Robert Uerpmann-Wittzack,* Ordnung und Gestaltung von Migrationsbewegungen durch Völkerrecht, in: Nina Dethloff/Georg Nolte/August Reinisch, Rückblick nach 100 Jahren und Ausblick; Migrationsbewegungen (Berichte der Deutschen Gesellschaft für Internationales Recht, Bd. 49), S. 215 (228 f.) m.w.Nachw.

122 Zum Begriff der politischen Verfolgung s. nur *Ulrich Becker,* in: Hermann v. Mangoldt/Friedrich Klein/Christian Starck/Peter M. Huber/Andreas Voßkuhle (Hrsg.), Grundgesetz, Kommentar, 7. Aufl. 2018, Bd. 1, Art. 16a Rn. 33 ff.

123 BVerfGE 80, 315 (335); s. auch *Andreas v. Arnauld/Stefan Martini,* in: Ingo v. Münch/P. Kunig/J. A. Kämmerer/M. Kotzur (Hrsg.), Grundgesetz, Kommentar, 7. Aufl. 2021, Bd. 1, Art. 16a Rn. 22.

> Situation, für die er gemünzt war. Sie ist gekennzeichnet durch tiefgreifende gesellschaftspolitische und weltanschauliche Gegensätze zwischen Staaten, die wesensverschiedene innere Strukturen entwickelt haben. In einer Reihe von Staaten wird zur Durchsetzung und Sicherung politischer und gesellschaftlicher Umwälzungen die Staatsgewalt in einer Weise eingesetzt, die den Grundsätzen freiheitlicher Demokratie widerspricht. Das Grundrecht des Art. 16 Abs. 2 Satz 2 GG sollte auch dieser Notlage Rechnung tragen; dem muß seine Auslegung entsprechen."[124]

1959, 10 Jahre vor der Entspannungspolitik eines Willy Brandt, standen sich die Gesellschaftssysteme in Ost und West unversöhnlich gegenüber. Wer in dieser Zeit in Mittel- und Osteuropa mit den kommunistischen Systemen in Konflikt geriet, wurde im Westen bereitwillig aufgenommen.

2. *Flüchtlingsschutz als Gefahr nach 1989*

Mit dem Ende des Kalten Krieges änderte sich die Lage grundlegend. Opfer des Sowjetkommunismus, die der Westen hätte schützen müssen oder können, gab es nicht mehr. Stattdessen kamen andere Flüchtlinge. So hatten sich Anfang der 1980er Jahre die Spannungen zwischen Singhalesen und Tamilen in Sri Lanka zugespitzt. Es kam zu schweren Auseinandersetzungen, in deren Verlauf auch Staatsorgane mit großer Brutalität gegen Tamilen vorgingen.[125] Deutschland verzeichnete eine große Zahl an Tamilen, die hier Asyl beantragten. In dieser Situation war der Stolz auf das verfassungsrechtliche Asylrecht verflogen und es wurde über Beschränkungen nachgedacht. 1993 wurde das Asylrecht in einen neuen Art. 16a GG ausgelagert und mit umfangreichen Beschränkungen versehen.[126] Nach Art. 16a Abs. 2 Satz 1 GG könnte Ukrainern heute bereits entgegengehalten wegen, dass sie für ihre Einreise nach Deutschland einen sicheren Drittstaat durchquert haben, nämlich Polen.

---

124 BVerfGE 9, 174 (180).

125 S. dazu BVerfGE 80, 315 (320 ff.); s. auch *Alexandra Bürger*, Wie viel Demokratie braucht der Friede?, 2016, S. 309 ff.

126 Gesetz zur Änderung des Grundgesetzes (Artikel 16 und 18), BGBl. 1993 I, S. 1002; dazu *v. Arnauld/Martini* (Fn. 123), Rn. 3-5.

3. Die Aufnahme von Ukraine-Flüchtlingen

Ohnehin fliehen ukrainische Kriegsflüchtlinge nicht vor ihrem eigenen Staat, sondern vor einem fremden Aggressor. Ukrainische Staatsgewalt grenzt ihre Bürgerinnen nicht „aus der übergreifenden Friedensordnung der staatlichen Einheit"[127] aus, sondern der russische Angriff hat den Frieden zerstört. Ukrainerinnen, die vor russischen Angriffen fliehen, sind daher weder Flüchtlinge im Sinne der Genfer Flüchtlingskonvention, noch sind sie politisch Verfolgte im Sinne von Art. 16a Abs. 1 GG. Deshalb werden sie zurecht außerhalb des Asylverfahrens aufgenommen.

Geht man allerdings davon aus, dass es Ziel des russischen Angriffskriegs ist, die ukrainische Staatsgewalt zugunsten einer russischen Kontrolle zu verdrängen und die ukrainische Bevölkerung russischer Staatsgewalt zu unterwerfen, zeichnet sich eine russische Verfolgung ab. Ziel Russlands ist es dann, eine neue Friedensordnung zu errichten, die aber westlich orientierte Ukrainer ausgrenzt. Mit der Westorientierung vieler Ukrainer ist das Verfolgungsmerkmal der politischen Überzeugung i.S.v. Art. 1 A 2 Genfer Flüchtlingskonvention angesprochen. Werden Ukrainer wegen ihrer Westorientierung getötet, deportiert oder sonst massiven Sanktionen ausgesetzt, wird auch die nötige Verfolgungsintensität erreicht sein. Was Putin als Entnazifizierung angekündigt hat, deutet damit auf eine politische Verfolgung hin. Dass eine derartige Verfolgung tatsächlich droht, wird nicht nur durch die Berichte über das russische Vorgehen in besetzten Gebieten untermauert, sondern beispielsweise auch in einem Artikel mit dem Titel: „Was sollte Russland mit der Ukraine machen?", der am 3. April 2022 von der staatlichen Nachrichtenagentur Ria Novosti veröffentlicht wurde.[128] Dort werden als Maßnahmen der Entnazifizierung eine allgemeine Umerziehung ebenso empfohlen wie eine strikte Zensur, die sich auf den Kultur- und Bildungsbereich ebenso beziehen müsse wie auf politische Inhalte. Gefordert wird unter anderem Zwangsarbeit für die „Komplizen des Nazi-Regimes", also für die Anhänger der ukrainischen Regierung. Weiter heißt es in dem Artikel, dass die Entnazifizierung mit einer Ent-Ukrainisierung einhergehen müsse, die den künstlichen Ethno-

---

127 Oben Fn. 123.

128 *Timofey Sergeytsev,* Что Россия должна сделать с Украиной, 3.4.2022, https://ria.ru/20220403/ukraina-1781469605.html; englische Übersetzung durch das ukrainische Center for European Liberties abrufbar, What Russia should do with Ukraine?, abrufbar unter: https://ccl.org.ua/en/news/ria-novosti-has-clarified-russias-plans-vis-a-vis-ukraine-and-the-rest-of-the-free-world-in-a-program-like-article-what-russia-should-do-with-ukraine-2/.

zentrismus der Ukraine aufhebe, da die Ukraine – anders als Georgien und die baltischen Länder – als Nationalstaat undenkbar sei. Damit deutet sich auch eine Verfolgung wegen der ethnischen Zugehörigkeit an. Der Artikel ist keine offizielle Äußerung staatlicher Organe. Er denkt aber weiter, was in den Reden Putins angelegt ist. Das gilt namentlich für die Entnazifizierung, die bereits in der Rede zu Kriegsbeginn genannt wird.[129] Damit zeigt der Artikel, welche Optionen zur Diskussion stehen.

Vor diesem Hintergrund lässt sich die Bereitschaft europäischer Staaten, ukrainischen Kriegsflüchtlingen Schutz zu gewähren, als antizipierte Aufnahme potenzieller politischer Flüchtlinge deuten. Der internationale Flüchtlingsschutz, der zum Schutz europäischer Flüchtlinge entwickelt worden und dann universell ausgedehnt worden war, fokussiert sich also wieder auf den Schutz europäischer Flüchtlinge vor einer Staatsmacht, die nicht nur vom Verfolgten, sondern auch vom Aufnahmestaat als feindlich angesehen wird. Damit kehrt der Flüchtlingsschutz zu seinen europäischen Ursprüngen zurück. Aus außereuropäischer Perspektive ist das bereits als rassistisch gebrandmarkt worden.[130] Eine Zeitenwende ist das nicht.

---

129 Putin-Rede (Fn. 30), S. 6.

130 *Jay Ramasubramanyam,* Some Refugees are Welcome, Others Not So Much: Revisiting the 'Myth of Difference', in: Völkerrechtsblog, 28.4.2022, https://doi.org/10.17176/20220428-182034-0.

V. Schluss

Nimmt man das Ende des Kalten Krieges 1989/1990 als Beginn einer neuen Epoche, lässt sich der 24. Februar 2022 unschwer als Zeitenwende verstehen. Das gilt sowohl für den UN-Sicherheitsrat als das zentrale Organ im Friedenssicherungsmechanismus der Vereinten Nationen als auch für den Europarat. Die Hoffnung, Russland als westlichen Staat in ein gemeinsames System integrieren und damit den Ost-West-Gegensatz überwinden zu können, hat sich mit dem russischen Angriff auf die Ukraine auf unabsehbare Zeit zerschlagen. Die Zeitenwende kam nicht plötzlich. Im Scheitern der Integration mögen sich Fehler auswirken, die schon in den frühen 1990er Jahren gemacht wurden. Zudem zeichnete sich das Scheitern der Hoffnung von 1989/1990 seit mehreren Jahren immer deutlicher ab. Das militärische Potenzial der kollektiven Sicherheit nach Kapitel VII UN-Charta, das der Sicherheitsrat nach dem irakischen Einmarsch in Kuwait entdeckt und entfaltet hatte, war spätestens nach der Libyen-Intervention westlicher Staaten im Jahr 2011, die aus russischer und chinesischer Perspektive höchst unbefriedigend verlaufen war, wieder weitgehend gelähmt. In ähnlicher Weise ist der Dissens hinsichtlich der fundamentalen Werte der Menschenrechte, der Demokratie und der Rechtsstaatlichkeit im Europarat in den letzten Jahren immer stärker hervorgetreten. Der Angriff auf die Ukraine erscheint insofern als Schlusspunkt des Scheiterns der Integration. Im UN-Sicherheitsrat sind Kooperation und Konsens wieder der Konfrontation gewichen, während das Ausscheiden aus dem Europarat deutlich gemacht hat, dass Russland keinem gemeinsamen Europa angehört.

Damit ist nicht gesagt, dass mit dem russischen Angriff auch die Nachkriegsordnung überholt ist, die zwischen 1945 und 1950 geschaffen wurde. Auf europäischer Ebene bleibt der Europarat intakt, wenngleich seit einigen Jahren mehrere Staaten seine Grundwerte mehr oder weniger offen in Frage stellen, was den Europarat über kurz oder lang unterminieren könnte. Insofern könnten Staaten, die Europaratsmitglieder bleiben, ohne seine Werte zu teilen, dem Europarat auf Dauer gefährlicher werden als ein Staat wie Russland, der den Europarat verlässt. Es bleibt abzuwarten, ob der europäische Schulterschluss gegen Russland auch zu einer Wiederannäherung im Bereich der Grundwerte führt, oder ob es die gemeinsame Abwehr nach außen einzelnen Staaten erleichtert, im Innern unter Verletzung von Menschenrechten einen antidemokratischen und -rechtsstaatlichen Kurs zu fahren, der die gemeinsamen Werte untergräbt.

Auf UN-Ebene bleibt das Kriegsverhütungsrecht prekär, wie es schon im Kalten Krieg war. Erschreckend ist, wie nah der Ukraine-Krieg Russland und die NATO an die Grenze einer unmittelbaren militärischen Konfrontation bringt.

Im Migrationsrecht führt der Ukrainekrieg zurück zu den Ursprüngen des europäischen Flüchtlingsschutzes in der ersten Hälfte des zweiten Weltkrieges. Auch dies erscheint nicht als Zeitenwende, sondern eher als Bestätigung langlebiger Grundpositionen.

Schriften der Juristischen Studiengesellschaft Regensburg e.V.

Lieferbar:

Heft 33: **Büttner · Berufung und Revision**
Zivilprozessuale Rechtsmittel im Wandel
Von RA Dr. Hermann Büttner
2010. 33 Seiten. Kart. € 11,-
ISBN 978-3-8329-5902-9

Heft 34: **Knapp · Europarecht und Vertragsgestaltung**
Von Dr. Andreas Knapp
2011. 69 Seiten. Brosch. € 19,-
ISBN 978-3-8329-6409-2

Heft 35: **Lutz · Patentschutz im Bereich der Biotechnologie**
Von Raimund Lutz
2013. 27 Seiten. Kart. € 11,-
ISBN 978-3-8487-0966-3

Heft 36: **Roth · Symposium „50 Jahre Schumannsche Formel"**
Von Prof. Dr. Herbert Roth
2014. 116 Seiten. Brosch. € 29,-
ISBN 978-3-8487-0810-9

Heft 37: **Kühling · Die Europäisierung des Datenschutzrechts**
Von Prof. Dr. Jürgen Kühling
2014. 36 Seiten. Kart. € 14,-
ISBN 978-3-8487-1277-9

Heft 38: **Huber · Das Spannungsverhältnis von Volks- und Parlamentsgesetzgebung in Bayern**
PräsBayVerfGH u PräsOLG Dr. Karl Huber
2014. 39 Seiten. Kart. € 18,-
ISBN 978-3-8487-1603-6

Heft 39: **Löhnig · Früher hatten Eltern viele Kinder - heute haben Kinder viele Eltern**
Von Prof. Dr. Martin Löhnig
2015. 31 Seiten. Kart. € 9,-
ISBN 978-3-8487-2189-4

Heft 40: **Walter · Strafe und Vergeltung – Rehabilitation und Grenzen eines Prinzips**
Von Prof. Dr. Tonio Walter
2016. 21 Seiten. Kart. € 12,-
ISBN 978-3-8487-3287-6

Heft 41: **Rennert · Hannah Arendt, das Asylrecht und die Menschenwürde**
Von Prof. Dr. Klaus Rennert
2017. 31 Seiten. Kart. € 19,-
ISBN 978-3-8487-4346-9

Heft 42: **Heese · Die Funktion des Insolvenzrechts im Wettbewerb der Rechtsordnungen**
Von Prof. Dr. Michael Heese, LL.M.
2018. 101 Seiten. Kart. € 26,-
ISBN 978-3-8487-5054-2

Heft 43: **Küspert · Die parlamentarische Kontrolle des Regierungshandelns in der Rechtsprechung des Bayerischen Verfassungsgerichtshofs**
Von PräsBayVGH Peter Küspert
2018. 44 Seiten. Kart. € 19,-
ISBN 978-3-8487-5440-3

Heft 44: **Maihold · Bankentgelte – AGB-Kontrolle in der Rechtsprechung des Bundesgerichtshofs**
Von RiBGH Dieter Maihold
2019. 67 Seiten. Brosch. € 29,-
ISBN 978-3-8487-5934-7

Heft 45: **Schlegel · Abhängige Beschäftigung – ein Auslaufmodell?**
Von PräsBSG Prof. Dr. Rainer Schlegel
2020. 31 Seiten. Brosch. € 19,-
ISBN 978-3-8487-6527-0

Heft 46: **Manssen · Der Rechtsstaat und sein Missbrauch**
Von Prof. Dr. Gerrit Manssen
2020. 34 Seiten. Brosch. € 19,-
ISBN 978-3-8487-6527-0

Nomos

Nomos Verlagsgesellschaft · Baden-Baden